PHOTOGRAPHIE

PAR

ÉMULSION SÈCHE

AU

BROMURE D'ARGENT PUR,

PAR

Alfred CHARDON,

Officier d'Académie,
Lauréat du Ministère de l'Instruction publique
et de la Société française de Photographie.

PARIS,

GAUTHIER-VILLARS, IMPRIMEUR-LIBRAIRE
DU BUREAU DES LONGITUDES, DE L'ÉCOLE POLYTECHNIQUE,
SUCCESSEUR DE MALLET-BACHELIER,
Quai des Augustins, 55.

1877

PHOTOGRAPHIE

PAR

ÉMULSION SÈCHE

AU

BROMURE D'ARGENT PUR.

PARIS. — IMPRIMERIE DE GAUTHIER-VILLARS,
quai des Augustins, 55.

PHOTOGRAPHIE

PAR

ÉMULSION SÈCHE

AU

BROMURE D'ARGENT PUR,

PAR

Alfred CHARDON,

Officier d'Académie,
Lauréat du Ministère de l'Instruction publique
et de la Société française de Photographie.

PARIS,
GAUTHIER-VILLARS, IMPRIMEUR-LIBRAIRE
DU BUREAU DES LONGITUDES, DE L'ÉCOLE POLYTECHNIQUE,
SUCCESSEUR DE MALLET-BACHELIER,
Quai des Augustins, 55.

1877

(Tous droits réservés.)

A

MONSIEUR DAVANNE,

PRÉSIDENT DU COMITÉ,
VICE-PRÉSIDENT DE LA SOCIÉTÉ FRANÇAISE DE PHOTOGRAPHIE.

TABLE DES MATIÈRES.

	Pages.
Dédicace	v
Chapitre I. — Considérations générales	1
Chapitre II. — Pyroxyle	6
Chapitre III. — Bromures	12
Bromure de zinc	13
Bromure de cadmium	14
Bromure d'ammonium	14
Bromure double de cadmium et d'ammonium	15
Bromure composé	15
Chapitre IV. — Collodion bromuré	17
Formules	17
Chapitre V. — Sensibilisation	21
Chapitre VI. — Collodion chloruré	27
Chapitre VII. — Précipitation	29
Chapitre VIII. — Porosité	33
Chapitre IX. — Réémulsion	35
Chapitre X. — Nettoyage des glaces	36
Chapitre XI. — Préparation des glaces	38
Aspect des glaces sèches	39
Chapitre XII. — Pose	40
Chapitre XIII. — Développement	41
Formules du révélateur	42
Fixage des clichés	46
Vernissage des clichés	46
Chapitre XIV. — Transport des clichés	47
Chapitre XV. — Conclusion	50
Rapport de la Commission chargée d'examiner les résultats du concours pour les procédés secs	55

PHOTOGRAPHIE
PAR
ÉMULSION SÈCHE
AU
BROMURE D'ARGENT PUR.

CHAPITRE PREMIER.

CONSIDÉRATIONS GÉNÉRALES.

Depuis plusieurs années, on se préoccupe de trouver, en Photographie, des procédés concernant l'emploi de préparations sèches, dont la conservation offre des garanties suffisantes de durée, tout en y joignant la rapidité dans l'opération et le rendu dans l'exécution.

Beaucoup de formules ont été indiquées pour atteindre ce résultat. Il faut reconnaître que tous les procédés actuellement connus ont donné, dans la pratique, tout ce qu'on pouvait en attendre.

Mais, si les résultats sont satisfaisants, ils sont souvent difficiles à obtenir.

Les préparations sèches sont longues à faire, par suite des lavages auxquels les glaces doivent être soumises après leur sensibilisation. Ces lavages, lorsqu'ils ne sont pas faits avec tout le soin nécessaire, sont la cause principale de nombreux accidents, tels que manque de sensibilité, images voilées, taches, etc.

De plus, dans tous ces procédés, les formules indiquent toujours l'usage d'un préservateur, après les lavages et avant la dessiccation. Ces préservateurs, qui sont, à notre avis, des causes de ralentissement, donnent naissance à d'autres taches; d'où il résulte qu'en négligeant les raisons d'insuccès, nous pouvons dire que, sans beaucoup d'expérience et sans des soins extrêmes, il est difficile de réussir, d'une manière régulière, les préparations sèches.

Depuis peu de temps, de nombreux efforts ont été faits pour simplifier les manipulations.

La Société française de Photographie a justement pensé qu'il y avait dans cette direction de sérieux progrès à réaliser; aussi elle a tenu à les encourager d'une manière toute spéciale.

Les procédés nouveaux auxquels on a donné le nom d'*émulsions* semblent avoir fait un pas de plus dans les recherches déjà si nombreuses.

En Photographie, on appelle *émulsions* la suspension, à l'état de sa plus grande division et dans un liquide approprié, d'un sel d'argent insoluble et sensible. L'idée de faire de toute pièce un collodion renfermant tous les éléments qui concourent à la sensibilité n'est pas nouvelle. Nous lisons en effet, dans le journal *la Lumière* et à la date du 20 août 1853, un article dont nous extrayons ces quelques lignes :

« Du moment où j'ai touché au collodion, j'ai compris qu'il serait possible de composer un collodion contenant en lui-même tous les ingrédients nécessaires à l'impression par la

lumière, c'est-à-dire un iodure, un bromure ou un chlorure, avec un sel d'argent soluble dans l'éther, l'eau et l'alcool, et je me suis mis aussitôt à faire des essais dans cette direction.
. . . .

» J'ai été souvent tenté de prendre un brevet pour ce nouvel emploi du collodion ; mais j'y ai renoncé en considérant que c'est une chose de première nécessité en Photographie. Tôt ou tard le collodion en question devra prévaloir sur son devancier, et par les recherches de chacun son perfectionnement sera plus rapide. . . . .
. . . .

» C'est avec le bromure que j'ai le mieux réussi ; l'acétate et le lactate d'argent ont agi aussi bien que le nitrate. . . .
. . . .

» Dès aujourd'hui, je cherche un nom qui puisse distinguer ce collodion du collodion inerte employé maintenant, un nom exprimant qu'il est toujours tout prêt à fonctionner sous l'influence de la lumière ; à défaut d'un nom plus expressif, je l'appellerai provisoirement *collodion argentifère*. . . . . . .
. . . .

» J'ai fait des essais analogues avec l'albumine et la gélatine.

» M. Humbert de Molard m'a dit aussi avoir eu des résultats avec l'albumine ; mais cela perd tout son intérêt avec ces substances qu'il faut coaguler.

» En résumé, tout l'avenir de la Photographie me semble résider dans un collodion argentifère, composant la matière impressionnable, qu'on pourra mettre en bouteille, étendre sur du verre, papier, toile cirée, etc., pour obtenir immédiatement, ou le lendemain, des épreuves positives ou négatives, à la chambre obscure, ainsi que des épreuves positives par négatifs ayant toute la perfection désirable.

» Je vais de mon côté étudier attentivement la préparation de ce collodion, sans me laisser aller à ma précipitation habituelle. Je crois avoir saisi les principes ; et, si je ne m'abuse pas, je pourrai bientôt obtenir un collodion argentifère qui réalisera toutes mes espérances.

» M.-A. GAUDIN,
» Calculateur du Bureau des Longitudes. »

C'est à dessein que nous avons voulu reproduire ces extraits, desquels il résulte que l'idée première des émulsions est née en France.

Quelques années plus tard, ce procédé, auquel on n'avait plus songé, a été repris par d'habiles praticiens, parmi lesquels nous devons citer MM. Sayce et Bolton, Carey-Lea, Stuart Wortley, Newton et d'autres qui ont donné différentes formules. Ces formules ont été plusieurs fois modifiées par leurs auteurs, mais elles n'ont jamais eu cette netteté et cette précision sans lesquelles aucun procédé ne peut arriver à une pratique courante.

Malgré cela, des progrès ont été faits et nombre d'améliorations se sont produites. Ainsi de l'émulsion directe, c'est-à-dire celle obtenue par l'addition d'azotate d'argent à un collodion bromuré, ce qui nécessitait de nombreux lavages après l'extension de la couche, on est arrivé à une importante modification, qui consiste à précipiter cette émulsion par l'eau, dans laquelle elle est insoluble, à la laver, la sécher et la redissoudre dans des proportions déterminées d'éther et d'alcool.

C'est, il faut le reconnaître, un grand pas fait dans le chemin à parcourir, mais le terme ne sera atteint que lorsque l'on aura défini exactement tous les détails nécessaires à la confection des émulsions.

C'est ce que nous nous sommes efforcé de faire dans cet Ouvrage. Nous nous appuyons sur de nombreuses expériences, dont les premières remontent à l'année 1872.

Le résultat de ces expériences n'est que l'application théorique des faits et leur mise en pratique.

Les formules que nous indiquons peuvent être modifiées sans que les résultats soient inférieurs, à la condition toutefois d'apprécier exactement les différentes réactions qui constituent l'ensemble du procédé.

Afin d'éviter des tâtonnements dans la pratique, nous commencerons par indiquer les qualités nécessaires aux produits employés.

CHAPITRE II.

PYROXYLE.

Dans la pratique des émulsions, le choix du pyroxyle est d'une grande importance, puisque c'est dans le collodion, dont il est l'élément principal, que se produisent les différentes réactions qui concourent à la formation des sels sensibles. Il ne faut pas cependant exagérer cette importance; car nous croyons que le temps peut améliorer un collodion qui, tout d'abord, ne se serait pas prêté au procédé des émulsions.

Pour reconnaître les qualités que l'on doit rechercher, il faut, avant tout, se rendre compte du rôle que remplit le collodion dans les opérations photographiques.

Nous croyons que le collodion, c'est-à-dire le mélange de pyroxyle, d'alcool et d'éther, est un milieu destiné à contenir les différents sels qu'on y introduit, sans qu'il puisse être modifié ou dénaturé par leur contact. De plus, il doit non-seulement recevoir ces sels, mais il est indispensable que, par un lavage approprié, ceux qui restent solubles puissent être entièrement éliminés. En un mot, le collodion ne doit intervenir dans aucune réaction. Si l'on n'admet pas cette théorie, le procédé par émulsions ne peut être pratiqué avec certitude.

Il y a peu de temps, on a essayé d'introduire dans la préparation du coton, et pour en modifier la constitution, une autre substance organique, telle que la gélatine : on voulait, par ce moyen, la faire intervenir dans les réactions ultérieures ; mais nous ajouterons que le savant auteur de cette formule l'a presque condamnée, en disant qu'il préférait ajouter la gélatine modifiée à l'émulsion même. Dans ce cas, la gélatine agit comme réducteur dans le développement de l'image.

En examinant le rôle du pyroxyle, nous sommes amenés à répondre à cette question : Le pyroxyle, en présence du mélange d'éther et d'alcool, forme-t-il une solution, ou n'est-il qu'une extension, une dilatation plus ou moins étendue de la cellulose? Sans nous prononcer d'une manière affirmative, nous admettons cette seconde hypothèse. La nature du coton, ses caractères variés et les différentes transformations que le temps produit dans le collodion sont pour nous autant de preuves en faveur de notre opinion.

Les collodions nouvellement préparés avec un pyroxyle résistant sont épais et donnent des couches striées; cependant, par le temps, ils acquièrent une grande fluidité. Comment expliquer ce changement si ce n'est par une plus grande dilatation du tissu cellulaire? S'il y avait solution, cette transformation n'aurait pas lieu; car, dès le début, elle serait ce qu'elle doit rester. Si l'on conserve ce même collodion pendant un temps beaucoup plus long, la fluidité augmentera et elle pourra être accompagnée d'une décomposition partielle de la cellulose.

Nous avons eu des collodions qui, après avoir présenté

une grande homogénéité, se séparaient en deux couches distinctes : l'une superficielle, composée d'éther et d'alcool ; l'autre inférieure, contenant le pyroxyle sous un aspect mucilagineux ; dans ce cas encore il ne pouvait y avoir solution.

Il est bien entendu que nous ne parlons que d'un collodion exempt de sels. Si nous prenons un collodion *ioduré* ou *bromuré,* suivant la nature des sels employés, il y aura retard ou accélération dans l'effet produit ; ainsi les iodures ou bromures à base métallique, comme les sels de cadmium, retardent l'extension des fibres de coton en produisant une contraction momentanée. Les iodures ou bromures alcalins accélèrent l'effet de dilatation.

Nous avons pensé qu'il était utile de présenter ces quelques observations, pour mieux faire comprendre les conditions à rechercher dans le choix du coton destiné aux émulsions. Nos expériences nous ont démontré que, plus le coton sera perméable, plus ses fibres seront distendues et plus aussi l'émulsion sera complète. Le procédé qui consiste à immerger le coton naturel dans un mélange de nitrate de potasse et d'acide sulfurique à haute température (de 75 à 80°) est celui que nous préférons. Il a été indiqué d'une manière très-complète dans l'excellent Ouvrage de M. Hardwich ; il fournit un pyroxyle pulvérulent et poreux, et donne un collodion fluide et exempt de stries. Mais, comme l'excès de porosité, si utile, peut amener un manque d'enveloppe du bromure d'argent au pyroxyle pulvérulent, nous ajoutons un coton plus résistant et qui a été traité à une température moins élevée. Nous pouvons apprécier les qualités de ce mélange en constatant que, si le coton pulvérulent facilite, par sa perméabilité, la formation du bromure d'argent, il ne le retient pas suffisamment dans ses pores et le bromure se précipiterait, si une certaine quantité d'un coton plus résistant n'intervenait pour empêcher cette précipitation.

On obtient pour les émulsions d'excellents résultats, en employant le coton précipité par l'eau bouillante, ainsi que l'a indiqué M. Adolphe Martin. Ce coton ne laisse pas de résidus dans le mélange éthéré, les parties insolubles en ayant été séparées avant sa précipitation; d'autre part, l'eau s'emparant des parties solubles du pyroxyle, il n'y a plus de variations dans le poids; cela est d'autant plus utile, qu'en précipitant le collodion émulsionné, les parties solubles sont entraînées dans les lavages en laissant non enveloppées des molécules de bromure d'argent qui donneraient par la suite des couches granuleuses et peu sensibles, par le fait de l'appauvrissement du sel d'argent.

La proportion de pyroxyle qui doit produire le collodion est variable en raison de sa solubilité, de la densité de sa dissolution, de la nature de la couche qu'il doit produire, de son plus ou moins de résistance, etc.

Si la proportion de pyroxyle était trop faible, le bromure d'argent formé par l'addition de l'azotate d'argent, se précipiterait en partie et donnerait des couches granulées qui n'auraient aucune cohésion. Si, au contraire, cette proportion était trop forte, les couches formées seraient trop transparentes, manqueraient de sensibilité et ne produiraient que des clichés sans vigueur, par l'impossibilité de renforcer l'image obtenue; le lavage de l'émulsion se ferait mal, par suite de sa contraction trop rapide, en présence de l'eau dans laquelle on fera la précipitation.

Nous voyons donc l'importance de cette théorie, qu'il doit

y avoir relation calculée entre le pyroxyle et les bromures employés.

Ainsi que nous le faisions pressentir plus haut, les qualités que nous devons rechercher dans le choix du pyroxyle se rencontrent bien rarement dans un seul et même produit. D'autre part, les causes qui concourent à la transformation du coton en pyroxyle sont si complexes que nous avons dû n'examiner que les conditions les plus essentielles, qui sont la porosité, la perméabilité, la résistance et ce que l'on appelle la *solubilité*, et qui n'est pour nous qu'une dilatation infinie de la cellulose.

Il y a deux procédés pour transformer le coton en pyroxyle. Le premier, qui consiste à immerger le coton dans un mélange d'acide sulfurique et de nitrate de potasse, donne un pyroxyle poreux et perméable, à la condition toutefois que la température du mélange ait été suffisamment élevée pendant le temps d'immersion. Ce procédé n'est presque plus pratiqué. Il est fâcheux qu'une économie mal entendue l'ait fait abandonner. Il faut y revenir, car on ne peut autrement trouver la porosité et la perméabilité indispensables aux émulsions.

Le second procédé, celui qui se pratique le plus ordinairement, consiste à immerger le coton dans un mélange d'acide nitrique et d'acide sulfurique avec addition, dans certains cas, d'une petite quantité d'eau.

Tous les cotons naturels ne se prêtent pas également à la transformation ; cependant, quels qu'ils soient, ce procédé produit des pyroxyles qui donnent des couches résistantes. Il ne faut pas oublier que cette qualité a ses avantages pour les émulsions. Après de nombreuses expériences, nous avons dû faire un mélange des pyroxyles obtenus par chacun de ces deux procédés (¹).

Au pyroxyle résultant de l'immersion dans les deux acides nitrique et sulfurique nous avons donné le nom de *coton résistant,* et à celui provenant du mélange d'azotate de potasse et d'acide sulfurique celui de *coton pulvérulent.*

Dans le Chapitre : *Collodion bromuré,* nous donnons la proportion à garder pour chacun de ces pyroxyles.

(¹) MM. Billault et Billaudot (ancienne maison Fontaine) ont bien voulu mettre leur laboratoire à notre disposition et, après quelques essais, ont réussi à fabriquer ces deux cotons dans des conditions qui ne laissent rien à désirer.

CHAPITRE III.

BROMURES.

Bien qu'il n'y ait pas de règle absolue dans l'emploi de tel ou tel bromure, il est néanmoins important de faire un choix raisonné.

On a dit, sans pouvoir le démontrer autrement que par des expériences, que les sels haloïdes avaient une influence sur la couche sensible.

Il y a deux sortes d'actions : l'une qui se porte directement sur le pyroxyle. On sait, en effet, que les iodures ou bromures alcalins donnent plus de fluidité au collodion, tandis que les iodures ou bromures à base métallique ont une tendance à le rendre mucilagineux : tel est l'effet produit par les sels de cadmium.

La seconde action a une influence plus directe sur la sensibilité : elle se fait sentir au moment même de la double décomposition et se traduit sans doute par une agrégation moléculaire différente pour chaque bromure ou iodure employé. De même, le nitrate correspondant et laissé libre dans la transformation intervient et exerce une influence sur le sel sensible.

Ainsi, pour citer un exemple, avec le bromure d'urane, il est certain que le nitrate d'urane, provenant de la double décomposition du bromure et du nitrate d'argent, a, par sa présence, une action importante sur le bromure d'argent.

Le collodion préparé au bromure d'urane donne, avec les glaces au bain, une sensibilité qu'on obtiendrait difficilement avec d'autres bromures.

Dans les émulsions, le bromure d'urane ne nous a pas présenté les mêmes avantages, et, surtout à cause de la difficulté de sa préparation, nous avons dû adopter les bromures suivants :

Bromure de zinc ;
Bromure double de cadmium et d'ammonium.

BROMURE DE ZINC

$$ZnBr^2 = 112.$$

Le bromure de zinc du commerce est rarement pur, il contient presque toujours un excès d'oxyde de zinc dont il faut le séparer.

Pour cela, on doit le dissoudre dans de l'alcool absolu. Le bromure se dissout laissant un liquide laiteux et trouble. C'est l'oxyde de zinc resté en suspension qui est insoluble dans l'alcool. Après vingt-quatre heures de contact, il faut filtrer la solution; l'oxyde restera sur le filtre et l'alcool ne contiendra que du bromure pur. On fera évaporer dans une capsule et sur un bain-marie, et, quand la presque totalité de l'alcool aura disparu, on pourra terminer l'opération à feu nu, en ayant soin de remuer constamment avec une baguette de verre. Sans cette précaution, quelques parties pourraient s'attacher au fond de la capsule et entraîner une décomposition partielle du bromure. Le bromure de zinc pur est très-déliquescent; aussi doit-on le conserver dans des flacons bien bouchés et le dessécher de nouveau au moment de le peser Le bromure de zinc est très-soluble dans l'alcool.

BROMURE DE CADMIUM

$$CdBr^2 = 136.$$

Le bromure de cadmium livré par le commerce renferme de l'eau en quantités variables. Nous avons constaté qu'il ne contenait, en moyenne, que 70 à 75 pour 100 de bromure anhydre. Il faut, de même que pour le bromure de zinc, le dessécher complétement.

Mis dans une capsule et chauffés modérément au-dessus d'une lampe à alcool, les cristaux de bromure commencent à se liquéfier et forment une solution épaisse et laiteuse. Il faut continuer à chauffer lentement en détachant, à l'aide d'une spatule en verre ou en platine, les parties qui pourraient s'attacher. En prolongeant l'évaporation, on obtiendra le bromure anhydre sous forme de poudre blanche.

Le bromure de cadmium est très-soluble dans l'alcool.

BROMURE D'AMMONIUM

$$NH^3Br = 97.$$

Le bromure d'ammonium ne renferme pas d'eau de cristallisation. Cependant il est utile de chasser l'humidité qu'il pourrait avoir absorbée au contact de l'air en le desséchant à une douce température.

Le bromure d'ammonium est peu soluble dans l'alcool.

BROMURE DOUBLE DE CADMIUM ET D'AMMONIUM

$$NH^3Br, CdBr^2 = 233.$$

Pour obtenir le bromure double de cadmium et d'ammonium, il faut prendre un équivalent de chaque bromure, soit pour le bromure de cadmium 136^{gr} et pour le bromure d'ammonium 97^{gr}, ou, pour réduire par dixième, 13^{gr},60 de l'un et 9^{gr},70 de l'autre.

Ces quantités seront dissoutes ensemble dans de l'eau distillée, filtrées et évaporées lentement, en se conformant aux indications données pour les autres bromures.

Le bromure double est très-soluble dans l'alcool.

BROMURE COMPOSÉ.

Afin de simplifier et de n'avoir qu'une seule pesée à faire pour bromurer le collodion, nous avons pensé qu'il serait plus commode de faire un seul mélange, auquel nous donnons le nom de *bromure composé* ([1]).

Il est formé par moitié de bromure double d'ammonium et de cadmium et moitié de bromure de zinc.

Voici comment il faut opérer : après avoir obtenu le bro-

([1]) Avec les cotons résistants et pulvérulents, MM. Billault et Billaudot ont fabriqué le bromure composé à l'état de pureté absolu.

mure de cadmium anhydre, on en pèsera $13^{gr},6c$. D'autre part, on prendra $9^{gr},70$ de bromure d'ammonium desséché; puis, enfin, $23^{gr},30$ de bromure de zinc pur, c'est-à-dire ne contenant pas d'oxyde de zinc. On mélangera les différents bromures pour les faire dissoudre dans un peu d'eau distillée, on filtrera, si besoin est, et l'on évaporera à sec en suivant les précautions déjà indiquées. Le résultat final devra produire $46^{gr},60$ de bromure composé. La solution alcoolique doit se faire sans aucun trouble.

CHAPITRE IV.

COLLODION BROMURÉ.

Avant d'indiquer les formules du collodion bromuré, nous devons insister sur la nécessité absolue de faire des pesées justes. On doit se servir d'une balance ou d'un trébuchet accusant facilement le centigramme.

Le procédé par émulsions ne peut donner des résultats certains et constants qu'à cette condition.

Les différentes réactions qui concourent à la production de l'élément sensible sont basées sur l'appréciation exacte des équivalents chimiques.

Nous avons joint un contrôle indispensable, afin de corriger les écarts qui pourraient se produire entre la théorie et la pratique.

Formules du collodion bromuré.

N° 1.

Alcool à 40°................................	200^{cc}
Bromure double...........................	6^{gr}
Bromure de zinc..........................	6^{gr}
Coton résistant............................	6^{gr}
Éther sulfurique à 62°..................	400^{cc}

N° 2.

Alcool à 40°..........	200^{cc}
Bromure double...	6^{gr}
Bromure de zinc...	6^{gr}
Coton pulvérulent....	24^{gr}
Éther sulfurique à 62°......	400^{cc}

Dans chacune de ces formules, on peut remplacer les 6^{gr} de chaque bromure par 12^{gr} de bromure composé.

Pour préparer les collodions, on fera dissoudre les 12^{gr} de bromure dans les 200^{cc} d'alcool et, sans filtrer, on ajoutera le coton, puis enfin les 400^{cc} d'éther.

Nous recommandons de ne pas filtrer l'alcool bromuré, parce que le liquide absorbé par le filtre, ainsi que l'évaporation, modifierait les proportions.

Si l'on a suivi exactement nos indications pour la préparation des bromures, la solution sera d'une limpidité parfaite.

Il a été dit que les émulsions étaient difficiles, sinon impossibles, si le collodion n'était pas anciennement préparé, mais on n'a pas défini les motifs sur lesquels on s'appuyait.

Il a été conseillé par plusieurs praticiens d'exposer le collodion bromuré à une vive lumière pendant un certain temps. Nous avons fait des essais comparatifs en suivant cette indication et nous n'avons pu constater aucune différence avec une partie du même collodion conservé dans l'obscurité. Quant à l'ancienneté de la préparation, cela ne nous laisse aucun doute. Il y a deux conditions nécessaires sans lesquelles l'émulsion ne réussira pas : la première est une limpidité absolue du collodion, limpidité qu'on obtiendra par un long repos.

On trouve bien rarement un pyroxyle donnant immédiatement un mélange parfaitement clair; il y a toujours, même avec les cotons précipités, quelques parties insolubles qui, par leur division, produisent un voile très-appréciable. Ce trouble, qui a moins d'importance dans les procédés humides, joue un très-grand rôle dans le procédé aux émulsions.

Nous avons constaté qu'au moment de la sensibilisation du collodion bromuré il se formait un composé argentique, qui se révélait au développement et se traduisait par un voile général. En aucune manière, le lavage de l'émulsion n'a pu éliminer ces parties insolubles, parce qu'elles sont pour ainsi dire emprisonnées par la précipitation de cette même émulsion.

La seconde condition, qu'on n'obtient aussi que par le temps, a une importance infiniment plus grande, et nous y retrouvons la preuve de la dilatation de la cellulose.

Pour qu'une émulsion (c'est-à-dire la transformation des bromures en bromure d'argent à l'état de division infinie et tenu en suspension dans le collodion) soit complète, il faut que l'action s'opère dans les parties les plus intimes du pyroxyle et non en dehors ou à l'extérieur des fibres.

Comment cette action pourra-t-elle avoir lieu si ces fibres elles-mêmes ne sont pas pénétrées préalablement par les bromures? Or c'est précisément ce qui arrive avec des collodions nouveaux. L'action est extérieure et se traduit par des agglomérations du précipité, qui, il est vrai, ne sont souvent appréciables qu'à la loupe, mais qui n'en existent pas moins.

En somme, nous dirons, pour nous faire plus aisément comprendre, qu'il faut que la cellulose elle-même soit bromurée. Or nous croyons que les bromures ne peuvent s'incorporer dans les fibres que lorsque celles-ci sont suffisamment dilatées pour ne plus s'opposer à leur pénétration. L'expérience nous démontre que le temps seul peut amener cette dilatation, cette extension ou cette division.

CHAPITRE V.

SENSIBILISATION.

Les deux collodions bromurés dont nous avons donné la formule ont des qualités différentes produites par les cotons qui entrent dans leur composition.

Celui que nous désignons par le n° 1 donne des couches fermes, mais peu poreuses; le n° 2, au contraire, produit des couches poreuses et perméables. Si, dans la formation de l'émulsion, on ne prenait que le n° 1, les glaces manqueraient de sensibilité, les images seraient superficielles et les clichés ne se prêteraient pas facilement au renforcement.

L'émulsion faite avec le n° 2 n'aurait pas assez d'enveloppe et le bromure d'argent formé par l'addition de l'azotate d'argent pourrait se précipiter en partie, à moins toutefois d'augmenter dans une forte proportion la dose du coton pulvérulent. Mais alors le collodion serait trop épais et s'étendrait mal sur les glaces.

C'est pour ces motifs que nous faisons un mélange de ces deux collodions. Nous préférons les conserver séparément, afin de laisser à l'opérateur le soin des modifications qu'il y aurait lieu d'apporter. Pour former l'émulsion, nous mesurons, dans une éprouvette bien graduée, 50^{cc} n° **1** et 50^{cc} n° **2**. Si, au développement, la couche se déchirait, il faudrait augmenter la proportion du n° **1** et diminuer d'autant celle du n° **2**. Le flacon dans lequel se fera le mélange doit être d'une capacité cinq fois plus grande, afin que l'agitation puisse être vigoureuse (*fig.* 1).

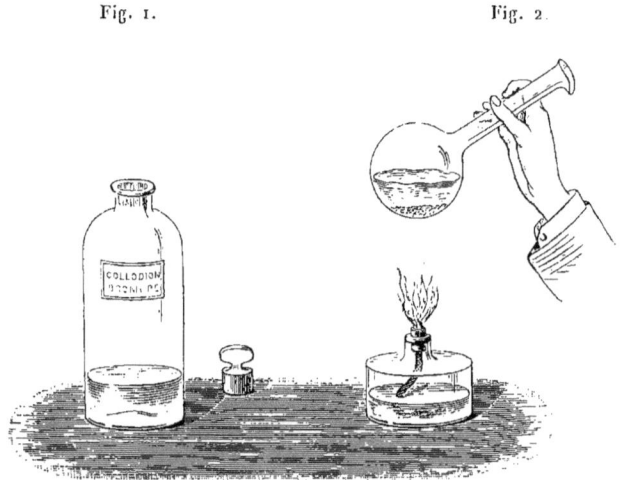

Fig. 1. Fig. 2.

D'autre part, on pulvérisera très-finement $3^{gr},15$ d'azotate d'argent fondu et on les introduira dans un petit ballon à bec, ayant soin d'éviter d'en projeter sur les parois du col du ballon (*fig.* 2). A l'azotate d'argent on ajoutera quelques gouttes d'eau distillée, puis on fera dissoudre en chauffant légèrement au-dessus d'une lampe à alcool ([1]).

([1]) Pour cette opération ainsi que pour celles qui vont suivre, il faut se garantir

La dissolution faite, on ajoute 25^{cc} d'alcool à $40°$. L'addition d'alcool produit un précipité d'azotate d'argent. Il suffit de chauffer pour le dissoudre de nouveau; cela obtenu, et le liquide parfaitement clair, on laissera refroidir jusqu'à ce que la main puisse supporter facilement la chaleur du ballon; puis on versera par très-petites parties, surtout en commençant la sensibilisation, l'alcool nitraté, en ayant soin d'agiter vigoureusement après chaque addition. Afin de conserver l'exactitude des proportions, il faut rincer le ballon avec 10^{cc} d'alcool, chauffer doucement et verser dans le collodion.

Au commencement de l'opération, l'émulsion doit avoir un aspect légèrement laiteux et cependant conserver toute sa limpidité. En avançant dans la sensibilisation, on voit une teinte rouge orangé par transparence se produire et s'accentuer de plus en plus jusqu'à la fin.

Cette teinte rouge orangé est un indice de bonne réussite. Les émulsions qui ont un aspect mat et plâtreux indiquent une erreur dans les formules et, le plus souvent, une mauvaise qualité des produits employés, particulièrement de mauvais cotons. Une émulsion bien faite et versée sur une glace doit avoir une teinte légèrement bleue et, par transparence, une couleur rouge orangé bien franche.

Toute émulsion qui serait grenue ou opaque ne produirait que de mauvais résultats.

Nous devons signaler une seconde méthode à suivre pour la sensibilisation du collodion, et dont l'initiative est due à

---

de toute lumière blanche. La lumière passant par des verres rouge orangé est la seule qui ait très-peu d'action sur les sels sensibles, et encore on devra l'affaiblir autant que possible.

M. Audra. Elle consiste à verser le collodion, non plus par très-petites parties, mais par 100^{cc} ou 200^{cc}, dans l'alcool nitraté, en agitant vigoureusement à chaque addition. L'alcool doit être maintenu, pendant l'opération, à la température de 25° ou 30°. Ce résultat s'obtient facilement en se servant d'un bain-marie.

Il peut se faire que, la sensibilisation achevée, l'aspect de l'émulsion ne soit pas satisfaisant; il ne faut pas s'en préoccuper, car si l'on a le soin d'agiter de temps en temps, après vingt-quatre heures, l'émulsion aura repris toute son homogénéité.

La proportion d'azotate d'argent indiquée pour la sensibilisation du collodion est telle, qu'après la transformation complète en bromure d'argent, il reste un très-léger excès d'azotate d'argent, qu'il est nécessaire d'éliminer complétement.

Dans les nombreuses formules d'émulsions, on trouve l'énoncé de deux systèmes opposés. Quelques auteurs indiquent un excès de bromure et d'autres un excès d'argent.

Nous n'hésitons pas à dire que les premières formules laissent beaucoup à désirer. Quant à celles qui indiquent un excès d'azotate d'argent, elles sont bonnes, mais à la condition expresse que cet excès soit très-faible. Nous avons dit qu'il fallait éviter dans l'émulsion la formation de composés argentiques. Nous ne saurions trop insister sur ce point, car ils sont la cause principale des irrégularités qui se produisent dans les émulsions.

Nous avons constaté que, lorsque, dans la sensibilisation du collodion, il y a un grand excès d'argent, ces composés se forment avec la plus grande facilité.

Après que l'émulsion a été formée, il faut, pour nous servir de l'expression déjà employée, la laisser se faire pendant au moins trente-six heures, en ayant soin de l'agiter plusieurs fois.

Afin d'établir un contrôle indispensable et pour constater le faible excès d'argent, il faut précipiter par l'eau 2^{cc} ou 3^{cc} d'émulsion, l'agiter vigoureusement et filtrer, pour analyser à l'aide d'un chlorure, la moitié de l'eau. L'excès d'argent se constatera par un trouble bleuâtre dû à la formation d'un peu de chlorure d'argent. S'il y avait un précipité immédiat, il indiquerait un trop grand excès d'argent.

La contre-analyse se fera en versant dans ce qui reste d'eau de lavage quelques gouttes d'une solution d'azotate d'argent. Il ne devra se manifester aucun trouble.

Si, par suite d'une erreur, on constatait à l'analyse un excès très-sensible de bromure, l'émulsion ne pourrait réussir, il faudrait la considérer comme perdue. L'addition d'azotate d'argent aurait un effet funeste ; car, au lieu de se porter uniquement sur le bromure en excès, la formation du bromure d'argent étant lente, il se diviserait pour ainsi dire, et viendrait se combiner en partie avec les matières organiques.

Il faut absolument que l'excès d'argent soit faible et qu'il puisse être constaté, après le temps voulu, pour la transformation complète.

Si cet excès d'argent est indispensable pour donner à l'émulsion les qualités que nous devons rechercher, son action persistante deviendrait nuisible.

Dans la pratique, le lavage du collodion est difficile et ne peut être jamais complet, par suite de sa précipitation par l'eau. De quelque manière que se fasse le précipité, il n'y aura que les surfaces extérieures qui pourront être lavées, et intérieurement il restera toujours des traces des sels que le collodion contenait avant sa précipitation.

Il faut tourner la difficulté et remplacer par double décomposition le sel, dont l'action persistante dans le collodion pourrait être nuisible, par un autre qui le sera moins ou qui sera tout à fait indifférent.

CHAPITRE VI.

COLLODION CHLORURÉ.

Pour neutraliser l'excès d'azotate d'argent nous préparons le collodion suivant :

Alcool à 40°.....................	80^{cc}
Chlorure de cobalt (CO Cl 6 HO $=$ 118,50)	10^{gr}
Pyroxyle	2^{gr}
Éther.	120^{cc}

On doit commencer par réduire en poudre le chlorure de cobalt, ajouter l'alcool par petites parties, filtrer, introduire le coton dans le flacon, agiter et terminer par l'addition d'éther.

Ce collodion est prêt pour l'usage après quelques jours de repos.

Lorsque l'on aura constaté le faible excès d'argent, ainsi que nous l'avons indiqué, on ajoutera à l'émulsion environ 3^{cc} de collodion chloruré et, après avoir vigoureusement agité et laissé en repos dix heures, on précipitera par l'eau quelques centimètres cubes de l'émulsion, puis on versera le tout sur un filtre pour analyser l'eau de lavage. L'analyse devra nécessairement se faire avec une solution d'azotate d'argent. Si la proportion du collodion chloruré est convenable, on devra constater un léger excès de chlorure libre, qui sera entraîné dans le lavage de l'émulsion.

Le chlorure ajouté à l'émulsion n'a pas pour but d'utiliser le peu de chlorure d'argent produit (la proportion en est insignifiante, comparée à celle du bromure d'argent), mais bien, comme nous l'avons dit plus haut, de remplacer l'effet nuisible de l'azotate d'argent libre par un très-léger excès de chlorure dont la présence est sans action.

Un moyen très-simple et en même temps très-rapide de faire une analyse, c'est de déposer sur une glace, et à l'aide d'une baguette de verre, une goutte de chacune des solutions à analyser; ces gouttes doivent être placées à une distance de 2 à 3^{mm}. Cela fait, on imprime à la glace un mouvement rotatoire de manière que les gouttes se rejoignent. La constatation se fait immmédiatement, surtout si la glace se détache sur un fond noir.

CHAPITRE VII.

PRÉCIPITATION.

Différentes méthodes ont été proposées pour précipiter les émulsions; presque toutes sont bonnes, et surtout celles dont on a le plus l'habitude.

La meilleure est celle qui donnera le plus de division à l'émulsion et en permettra le lavage complet.

Nous indiquons deux procédés qui réussissent également bien.

Pour de petites quantités on pourra opérer de la manière suivante :

Sur un entonnoir très-évasé on disposera, en forme d'un filtre sans plis, un linge d'un tissu peu serré ; d'autre part, dans un flacon à large ouverture contenant un litre d'eau distillée (le flacon doit être d'une capacité double), on versera par deux fois environ 50^{cc} d'émulsion en secouant fortement à chaque addition. On versera le tout sur le linge de l'entonnoir et l'on recommencera les mêmes dosages jusqu'à épuisement de l'émulsion.

Après avoir pressé l'émulsion ainsi précipitée de manière à enlever l'excès d'eau qu'elle contient, il est indispensable de la laver soigneusement en la divisant dans une grande capsule contenant de l'eau distillée ou de l'eau de pluie passée à travers un filtre en charbon. Après avoir reversé sur le linge, on renouvellera le lavage deux fois encore; on pressera une dernière fois, et l'émulsion sera étendue sur du papier buvard blanc et fort où elle finira de sécher.

La seconde méthode est celle que nous préférons et nous l'aurions exclusivement indiquée s'il ne fallait pas un petit appareil spécial. La *fig.* 3 en fera aisément comprendre l'usage.

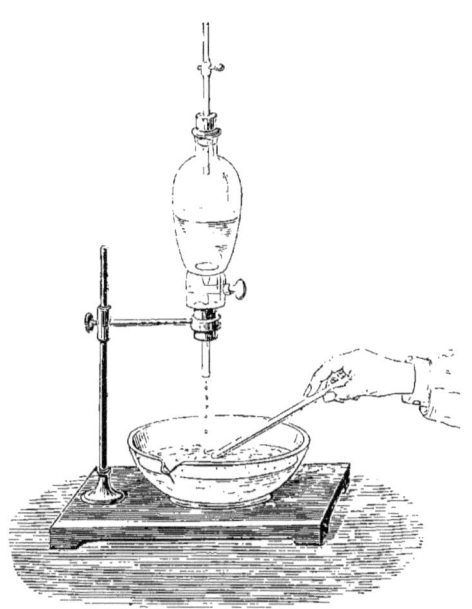

Fig. 3.

C'est une sorte d'entonnoir fermé en haut par un tube s'enlevant à volonté pour mettre le liquide et en bas par un tube fixe; ces tubes sont munis d'un robinet. Après avoir versé de l'émulsion à précipiter, environ aux deux tiers de l'appareil, on rebouchera en ayant soin de fermer le robinet supérieur. D'autre part, on disposera sous le tube inférieur un grand vase contenant de l'eau distillée. On ouvrira le robinet inférieur dans son entier ; quelques gouttes seulement tomberont. Il faut avoir une baguette en verre de manière à agiter sans interruption au fur et à mesure de l'écoulement. Tout étant bien disposé, il faut ouvrir lentement le robinet supérieur et le laisser fixe quand le liquide présentera l'écoulement de gouttes successives ou tout au moins un très-petit filet.

Cette méthode a le grand avantage de donner une précipitation parfaitement homogène ; nous conseillons de l'adopter.

L'appareil, du reste, n'est pas d'un prix élevé et les avantages qu'on retire de son usage sont incontestables.

Si l'on a une grande quantité d'émulsion à précipiter, il est nécessaire de renouveler l'eau ; et, quand on a terminé, il faut continuer les lavages indiqués dans le premier procédé. Nous ne saurions trop insister sur la nécessité de faire toutes ces manipulations à l'abri de la lumière, car cette précaution négligée est la cause de nombreux accidents. Il existe plusieurs laboratoires où l'on pratique avec succès les procédés humides et dans lesquels il serait impossible de réussir les émulsions, uniquement à cause de la nature de la lumière qui les éclaire. Celle-ci doit être jaune orangé et la plus faible possible.

La précipitation par l'eau chaude (50° à 60°) nous a paru présenter quelques avantages :

1° L'émulsion est plus divisée, plus légère et d'un aspect floconneux qui se prête bien à la dissolution dans le mélange éthéré.

2° Il y a moins de perte du bromure d'argent, parce qu'il est maintenu par une contraction plus rapide du coton.

3° Le lavage se fait plus rapidement, surtout si l'on a soin de le faire avec de l'eau tiède. Nous recommandons de n'arriver à l'emploi de l'eau froide que progressivement, afin d'éviter une transition trop brusque.

L'usage de l'eau chaude demande les plus grandes précautions. Il faut faire ces opérations dans une pièce bien aérée et à l'abri de toute flamme, sans quoi les vapeurs d'éther s'accumulant pourraient, en s'enflammant, produire de graves accidents. Nous ne saurions trop insister.

En suivant scrupuleusement les indications précédentes, on obtiendra une émulsion formée de pyroxyle et de bromure d'argent, qui, à l'abri de l'humidité et de toute lumière, se conservera très-bien.

Nous conseillons de ne dissoudre l'émulsion sèche qu'au fur et à mesure des besoins.

CHAPITRE VIII.

POROSITÉ.

Nous avons dit qu'une des conditions essentielles de réussite pour le procédé par émulsions, et l'on peut ajouter pour tous les procédés secs en général, était la perméabilité de la couche sensible, perméabilité qui ne peut exister sans la porosité.

Tous nos efforts ont été dirigés vers ce but; nous avons d'abord recherché ces qualités dans la préparation des pyroxyles.

Nous les augmenterons encore en introduisant dans les dissolvants de l'émulsion sèche un corps poreux, qui laissera les solutions révélatrices pénétrer facilement et promptement la couche sensible dans toute son épaisseur. Cette addition produit une accélération dans la pose et dans le développement.

Il faut que le corps poreux ajouté à l'émulsion n'ait pas d'action sur le bromure d'argent : aussi proscrivons-nous d'une manière absolue tout réducteur, tel que tannin, acide gallique, pyrogallique, etc.

Avec ces substances, l'émulsion non-seulement n'acquiert pas de porosité, mais elle ne peut se conserver sans subir en peu de temps une altération qui la fait rejeter. Tel n'est pas le cas de plusieurs alcaloïdes, et parmi ces derniers nous pouvons citer la salicine, l'esculine, la morphine, la cinchonine, la quinine précipitée. La salicine est tirée de l'écorce du saule, l'esculine de l'écorce et du fruit du marronnier; la morphine est une base extraite de l'opium, les quinquinas gris sont très-riches en cinchonine; on extrait la quinine des quinquinas rouges.

Ces diverses substances ajoutées à l'émulsion donnent la porosité, mais presque toutes ont le défaut de cristalliser dans la couche et forment des solutions de continuité qui nuisent à la finesse de l'image. Seule la quinine précipitée n'a pas ce défaut et de plus elle donne au cliché une coloration agréable. Cette coloration convient très-bien aux positifs par transparence; ses différentes qualités nous l'ont fait adopter. Il est hors de doute que bien d'autres substances pourraient être employées, le champ est vaste et sera difficilement épuisé.

CHAPITRE IX.

RÉÉMULSION.

Formule :

Alcool absolu	50^{cc}
Quinine précipitée ($C^{20}H^{12}AzO^2$)	$0^{gr},20$
Émulsion sèche, de	$3^{gr},50$ à 4^{gr}
Éther sulfurique	50^{cc}

Pour préparer l'émulsion définitive, il faut broyer en poudre fine les 0,20 de quinine précipitée, verser peu à peu les 50^{cc} d'alcool, filtrer, ajouter l'émulsion sèche et, quand elle est bien imprégnée d'alcool, terminer par addition de l'éther. On secouera vigoureusement pour faciliter le mélange, et l'on conservera dans l'obscurité la plus complète.

Il est avantageux de ne se servir de l'émulsion que quelques heures après sa préparation.

Avant de préparer les glaces, il faut l'agiter encore et la filtrer plusieurs fois sur une petite touffe de coton.

Si, par suite de l'usage, le collodion émulsionné devenait moins fluide, il suffirait d'ajouter un peu d'éther pour le ramener dans les conditions premières.

On évitera ainsi la perte qu'entraîne avec lui l'emploi de petites quantités.

CHAPITRE X.

NETTOYAGE DES GLACES.

La méthode suivie pour le nettoyage des glaces n'a pas d'importance, pourvu que le but soit atteint, c'est-à-dire que les glaces soient parfaitement propres, exemptes de taches graisseuses ou de réductions métalliques.

Voici comment nous avons toujours procédé, et jamais le moindre accident ne nous est venu de ce côté.

Que les glaces soient neuves ou qu'elles aient déjà servi, nous les laissons séjourner pendant quelques heures dans une assez forte solution de potasse caustique. Il ne faut pas les laisser trop longtemps, car le verre pourrait s'attaquer.

Après les avoir bien lavées, on les laisse égoutter, puis on les remet de nouveau dans un mélange d'eau, 400^{cc}, et d'acide nitrique, 100^{cc}.

Les glaces peuvent rester aussi longtemps qu'on voudra dans cette solution.

Il faut les rincer soigneusement, les égoutter et les essuyer avant que l'eau ait séché.

On peut opérer ces premiers lavages très-longtemps d'avance.

Avant de nous servir des glaces, nous les frottons légèrement avec un mélange de tripoli très-fin et d'alcool, que nous enlevons quand il est sec. Il ne reste plus qu'à passer un peu d'alcool pour enlever les traces de tripoli qui pourraient rester sur la surface des verres.

En 1875, nous avons indiqué l'emploi du talc pour donner aux glaces un dernier poli en rendant leur surface parfaitement homogène. M. Davanne en a conseillé l'usage pour le procédé Taupenot. Non-seulement l'emploi du talc empêche les soulèvements, mais, ce qui paraît contradictoire, il permet le décollement des clichés pelliculaires ; il sera donc toujours avantageux de se servir de ce moyen, d'autant plus qu'il abrége les premiers nettoyages.

Bien que cela ne soit pas indispensable, nous conseillons de border les glaces avec du vernis au caoutchouc :

$$\begin{array}{ll}\text{Benzine cristallisable}\dots\dots\dots\dots\dots\dots\dots & 100^{cc} \\ \text{Caoutchouc en lamelles}\dots\dots\dots\dots\dots\dots & 5^{gr}\end{array}$$

CHAPITRE XI.

PRÉPARATION DES GLACES.

L'extension du collodion émulsionné se fait comme avec les collodions employés dans les procédés humides, avec cette seule différence que, le liquide étant moins fluide, il faut collodionner plus lentement et s'appliquer à éviter les mouvements brusques en reversant l'excès, afin de ne pas former des moutonnages dans la couche.

Au fur et à mesure de leur préparation, les glaces sont mises au séchoir. Elles sèchent très-rapidement ; on les enferme dans des boîtes conservées dans un milieu sec et à l'abri de la lumière.

Employées immédiatement après leur préparation, les glaces sont plus rapides et la pose peut diminuer d'un quart.

Quant à la conservation, nous pouvons affirmer qu'elle répond à tous les besoins. Les expériences que nous avons faites devant la Commission chargée d'étudier le procédé nous prouvent qu'après trois mois les glaces n'avaient subi aucune espèce d'altération. Nous ne savons jusqu'où cette conservation se prolongera. Quel que soit ce temps, nous sommes certain que l'émulsion sèche le dépassera dans une proportion importante. C'est là, selon nous, le point essentiel; car les manipulations sont si simples qu'on pourra toujours, la veille d'un départ ou même en voyage, préparer le nombre de glaces nécessaires.

ASPECT DES GLACES SÈCHES.

Les glaces préparées avec une bonne émulsion doivent présenter par réflexion une surface brillante, exempte de stries. Vues par transparence, elles doivent être translucides et avoir cette couleur rouge orangé que nous avons indiquée pour la sensibilisation. En les examinant à travers une forte loupe, on ne doit voir aucun grain ni aucun réseau.

Si les glaces avaient un aspect très-mat, plâtreux, il ne faudrait rien en attendre de bon et en attribuer la cause, soit à un excès d'argent trop marqué, soit à une précipitation grenue du bromure d'argent dans le collodion, soit enfin à la nature des cotons employés; cotons qui ne seraient pas assez perméables et qui ne seraient pas suffisamment distendus pour permettre aux bromures de les pénétrer entièrement. Dans cette dernière hypothèse, le bromure d'argent se formerait en dehors de la cellulose et produirait, par suite, les couches mates et plâtreuses que nous signalons.

CHAPITRE XII.

POSE.

Quel que soit le procédé employé, il est hors de doute que, si la rapidité dépend en partie de la substance sensible, qu'elle soit obtenue par l'iodure ou le bromure d'argent, ou même par l'union des deux corps, il n'est pas moins certain que le mode de développement a une influence considérable sur l'abréviation du temps de pose.

Avec les formules que nous indiquons, les glaces aux émulsions sont plus sensibles que celles préparées avec la plupart des procédés secs en usage.

Nous avons obtenu des instantanéités en nous plaçant dans des conditions ordinaires.

Pour les paysages, sur lesquels nous avons fait de nombreuses expériences, la pose varie entre deux et six minutes.

Nous ne parlons pas, bien entendu, des dessous de bois où la lumière est très-tamisée; dans ce cas, c'est à l'opérateur à apprécier le temps de pose.

Des essais comparatifs ont été faits avec le procédé Taupenot, aidé du développement alcalin, et il a été constaté que les émulsions étaient deux fois plus rapides.

CHAPITRE XIII.

DÉVELOPPEMENT.

Beaucoup de formules ont été publiées pour les dosages des produits employés dans les révélateurs alcalins. Les unes indiquent l'emploi de l'ammoniaque pure en dissolution dans l'eau ; d'autres le proscrivent et indiquent le carbonate d'ammoniaque. Il en est de même du mode opératoire.

Plusieurs praticiens commencent le développement avec l'acide pyrogallique, qu'ils additionnent d'une solution de carbonate d'ammoniaque. D'autres opèrent en sens inverse.

Ces variations s'expliquent par la difficulté d'obtenir, par une seule opération, les détails et l'intensité nécessaires à un bon cliché.

On a reproché au développement alcalin de ne donner le plus souvent que des images superficielles n'ayant pas de profondeur.

Il ne faut pas rechercher la cause dans l'alcalinité, mais plutôt dans la nature de la surface impressionnée.

L'ammoniaque, qui est l'agent énergique du développement, agit très-promptement, et c'est, en effet, sur la partie extérieure de l'image que se révèle tout d'abord son action, soit que l'addition de l'acide pyrogallique ait précédé ou suivi son introduction dans le bain révélateur. L'image sera d'autant plus superficielle que la résistance de la couche impressionnée sera plus forte à se laisser pénétrer par le révélateur.

On comprend donc l'importance qu'il y a à rendre cette couche aussi perméable que possible, car plus elle le sera et plus les nuances du cliché seront fidèlement reproduites.

De là cette conséquence naturelle, qu'il faut proportionner la force du développement à la nature de la surface impressionnée.

L'avantage de cette méthode est d'obtenir des couches qui, tout en conservant une grande transparence, donnent des clichés très-harmonieux, parce que l'image, au lieu d'être à la surface, se trouve dans l'épaisseur de la couche sensible.

FORMULES DU RÉVÉLATEUR.

N° 1.

Eau distillée....................	1000^{cc}
Sesquicarbonate d'ammoniaque........	20^{gr}
Bromure de potassium...............	0^{gr},40

N° 2.

Alcool absolu.....................	100^{cc}
Acide pyrogallique................	10^{gr}

Le choix du carbonate d'ammoniaque est d'une grande importance : il doit être en cristaux durs et translucides. S'il était effleuri, il faudrait le rejeter, car il serait décomposé et passé à l'état de bicarbonate. Dans ces conditions, le révélateur n'aurait aucune action; en dissolution, la décomposition n'est plus à craindre.

La solution alcoolique d'acide pyrogallique se conserve très-longtemps; il est utile de la filtrer.

Avant de procéder au développement, on versera dans une cuvette la quantité nécessaire du n° 1 pour que la glace se trouve complétement immergée, puis, dans un tube gradué, on mesurera de 3 à 6^{cc} de la solution n° 2, selon la grandeur du cliché. On placera le tube à la portée de la main et à côté de la cuvette.

Au moment de développer, la glace sera mouillée à plusieurs reprises avec de l'alcool rectifié à 36°, puis égouttée et lavée jusqu'à ce que l'eau coule à la surface sans laisser d'apparence graisseuse; elle sera égouttée de nouveau et plongée dans la cuvette immédiatement après avoir mélangé la quantité d'acide pyrogallique contenue dans le tube.

Si le temps de pose a été exact, l'image apparaîtra en quelques secondes. On doit examiner le cliché en transparence, et quand tous les détails se sont révélés, même faiblement, il faut, sans attendre, ajouter le mélange renforçateur; il est formé par les trois solutions suivantes :

N° 1.

Eau .... 100^{cc}
Bromure de potassium..... ... . 1^{gr}

N° 2.

Eau saturée de bicarbonate de potasse pur.

N° 3.

Eau	450^{cc}
Glucose	100^{gr}
Alcool	50^{cc}

Si le développement s'est fait dans des conditions normales, la proportion à suivre pour le mélange des trois solutions sera à peu près celle-ci :

N° 1	quelques gouttes.
N° 2	de 5 à 10^{cc}
N° 3	de 10 à 20^{cc}

Si l'image a été lente à venir, si la pose a été courte, on diminuera le n° 1 jusqu'à n'en pas mettre du tout; le n° 2 restera dans les mêmes proportions et le n° 3 pourra être augmenté au gré de l'opérateur. Si il y a eu trop de pose, il faut renforcer presque immédiatement en augmentant dans une forte proportion le n° 1.

Après avoir mesuré ces trois solutions, on retire la glace de la cuvette pour y ajouter le mélange et l'on continue le renforcement.

Il est très-difficile de préciser le moment où le développement aura atteint sa perfection; ce que l'on peut indiquer, c'est qu'il ne doit pas être poussé trop loin, car, après le fixage, le cliché séché présentera des détails qu'on n'aurait pas remarqués tout d'abord.

L'image, étant entièrement dans l'épaisseur de la couche, doit rester faible pour donner aux épreuves positives cette harmonie qui fait le charme de nos belles photographies.

En terminant les formules du révélateur, nous devons signaler l'usage du sucrate de chaux indiqué par M. Davanne. Nous trouvons dans son excellent Ouvrage, les *Progrès de la Photographie*, le mode de préparation que nous reproduisons textuellement :

« On prend une solution d'eau sucrée contenant 10^{gr} de sucre pour 100^{cc} d'eau ; on y ajoute de la chaux éteinte en quantité suffisante pour qu'il en reste un notable excès insoluble après l'agitation. L'excès de chaux tombe au fond du flacon et le liquide limpide qui surnage constitue le sucrate de chaux. Cette solution, mise dans un flacon bien bouché, se conserve indéfiniment pour l'usage ; il suffit de l'agiter à de longs intervalles pour que sa composition reste constante. Son prix est presque nul ; pour le développement, on y ajoute un peu de bromure de potassium ; soit la formule :

Eau..................................	100^{cc}
Sucre blanc...........................	10^{gr}
Chaux éteinte........................	un excès.
Bromure de potassium............	1^{gr} »

M. Davanne a indiqué l'emploi du sucrate de chaux, soit pour remplacer le carbonate d'ammoniaque, soit pour aider à son action. Dans les essais que nous avons faits, nous en ajoutons quelques gouttes à la solution de carbonate d'ammoniaque mélangé d'acide pyrogallique. L'effet du sucrate de chaux est de pouvoir diminuer la pose et de faciliter la venue des détails : aussi nous recommandons d'en avoir toujours à sa disposition.

FIXAGE DES CLICHÉS.

Le fixage des clichés se fait comme pour les autres procédés ; nous préférons l'emploi de l'hyposulfite de soude.

$$\text{Eau} \dots \dots \dots \dots \dots \dots \dots \dots 1000^{cc}$$
$$\text{Hyposulfure de soude} \dots \dots \dots \dots 200^{gr}$$

Après avoir lavé les clichés avec soin, on les fera sécher, à l'abri de la poussière, à la lampe ou naturellement. Le collodion sec est assez résistant pour permettre quelques retouches au crayon.

VERNISSAGE DES CLICHÉS.

Nous empruntons encore à M. Davanne la formule d'un vernis très-résistant et très-simple à préparer.

Il faut faire dissoudre en agitant de temps en temps 10^{gr} de bonne gomme laque blonde dans 100^{cc} d'alcool à $40°$. Quand la dissolution sera complète, il suffira de filtrer le mélange pour qu'il soit prêt pour l'usage.

On ne doit chauffer la glace qu'à une douce température très-supportable à la main. Le vernis sera étendu à la manière du collodion et, quand il sera sec, on pourra chauffer de nouveau pour lui donner son maximum de dureté.

CHAPITRE XIV.

TRANSPORT DES CLICHÉS.

Pour les tirages par le procédé dit *au charbon*, il est nécessaire que les clichés soient retournés. Il est indispensable, pour que cette opération se fasse avec sécurité, que les glaces, avant d'être collodionnées, soient passées au talc ; car, en négligeant cette précaution, on s'expose à perdre des clichés que souvent on ne pourrait remplacer. M. Jeanrenaud, si habile dans les tirages au charbon, remplace les frictions au talc par une immersion des clichés dans une solution étendue d'acide chlorhydrique.

Eau.................................... 100^{cc}
Acide chlorhydrique................... 7^{cc}

Le cliché est lavé et séché, puis on reverse à plusieurs reprises la solution suivante :

Alcool à 40°......................... 75^{cc}
Eau................................... 20^{cc}
Acide chlorhydrique.................. 5^{cc}

On laisse sécher de nouveau, mais cette fois sans lavage.

Ce procédé pourra être appliqué dans certaines circonstances, mais nous préférons l'usage du talc; nous croyons qu'avec ce dernier moyen les causes d'accidents sont beaucoup plus rares.

Quelle que soit la méthode suivie, on commence par coller sur les bords du cliché une petite bande de bristol ou de carton très-mince, de la largeur d'environ 3^{mm}.

D'autre part, on prépare dans une capsule ou dans un vase pouvant être chauffé au bain-marie 20^{gr} de belle gélatine blanche que l'on coupe en morceaux. On versera dessus 100^{cc} d'eau. La gélatine absorbant de l'eau se gonflera et sa dissolution sur le bain-marie se fera en quelques instants. La gélatine dissoute, on y ajoutera, en remuant avec une baguette en verre, de 3 à 4^{cc} de glycérine pure; quand le mélange sera bien intime, on ajoutera encore, ainsi que l'indique M. Jeanrenaud, 40^{cc} d'une solution d'alun à 2^{gr} d'alun pour 100^{gr} d'eau. Quelques opérateurs indiquent l'emploi de l'alun de chrome; nous pensons qu'avec ce sel la proportion devrait être plus faible.

La gélatine chaude doit être passée à travers un linge fin et dans un vase que l'on aura échaudé, afin que la solution reste fluide. Ce vase devra être muni d'un bec dont on rétrécira l'ouverture de manière que le liquide ne s'écoule que par un filet.

Pour gélatiner les clichés, nous nous servons avec avantage d'un châssis destiné à préparer des feuilles au charbon. C'est un cadre en bois dans lequel est ajustée une glace forte; ce cadre est muni de trois vis calantes. La glace, mise de niveau, sert de support, sur lequel sont placés les clichés pour laisser prendre la gélatine.

Tout étant disposé, on chauffe légèrement le cliché ; on peut le placer quelques instants sur la vapeur d'eau, la face en dessous. La condensation qui se fait sert de conducteur et la gélatine coule plus facilement. La quantité de gélatine à verser sur le cliché dépend naturellement de l'épaisseur qu'on désire avoir. La couche doit être aussi mince que possible pour les clichés qui doivent tirer des deux côtés. Après avoir bien égalisé la gélatine, on placera les clichés sur la glace mise de niveau et, après peu d'instants, ils pourront être placés verticalement. Quand la gélatine est complétement sèche, nous la recouvrons de collodion contenant une petite proportion d'huile de ricin, soit :

Collodion normal à 1,50 pour 100 de coton.... 100 cc
Huile de ricin.... .... 3 cc

L'addition de cette dernière couche a pour but de protéger la gélatine de l'humidité qu'elle pourrait absorber. Il ne reste plus qu'à détacher la pellicule en coupant les bords du cliché.

CHAPITRE XV.

CONCLUSION.

En terminant ce travail, nous croyons qu'il n'est pas inutile de résumer en peu de mots les avantages du procédé par émulsions, tel que nous l'avons décrit :

1º Ce procédé supprime le bain d'argent et les insuccès qu'il entraîne, insuccès produits souvent par les transformations qu'il subit par l'usage.

2º La suppression du bain d'argent entraîne celle des lavages, opération longue et qui n'admet pas d'à-peu-près.

3º Nous avons signalé les accidents causés par les préservateurs : les inégalités, les taches, le manque de sensibilité, etc., qu'amène leur emploi; donc, avec les émulsions, pas de bain d'argent, pas de lavages, pas de préservateurs. Une garantie de durée pour les glaces préparées répondant à tous les besoins. Garantie encore plus étendue pour la conservation de l'émulsion sèche. Ajoutons à cela la rapidité avec laquelle les glaces sont préparées, la diminution du matériel de voyage, puisque, si l'on adopte le procédé qui consiste à détacher le cliché, les mêmes glaces peuvent être de nouveau préparées en quelque lieu qu'on se trouve; de plus, une sensibilité plus grande qu'avec les moyens actuellement en usage.

Tous ces avantages feront adopter ce procédé d'une manière générale : c'est notre plus grand désir et nous nous ferons un devoir de présenter tous les perfectionnements que nos travaux ultérieurs pourront apporter. La seule difficulté sérieuse est la préparation de l'émulsion sèche, difficulté qu'il ne faut pas exagérer. Avec du soin, de la persévérance et de l'observation, on se rendra facilement maître des manipulations.

Nous affirmons, et avec nous toute la Commission qui nous a jugé, que ce procédé est d'une réussite certaine. Aussi nous ne cessons de répéter avec la plus entière conviction : travaillez et, si vous ne réussissez pas en commençant, ne vous découragez pas, car le succès viendra et vous indemnisera, dans une large mesure, des efforts que vous aurez faits.

RAPPORT.

RAPPORT

DE LA

COMMISSION CHARGÉE D'EXAMINER LES RÉSULTATS DU CONCOURS

POUR LES PROCÉDÉS SECS.

MM. Ferrier et Davanne, *rapporteurs*.

Messieurs,

Au mois de novembre 1875, votre Société, à la suite d'une proposition de M. Belbèze, ouvrait un concours pour un procédé sec qui réaliserait les conditions d'un programme formulé dans la séance suivante, ou qui s'en rapprocherait sensiblement; à la suite de cette décision, M. le Ministre de l'Instruction publique, appréciant tout l'intérêt qu'un procédé de Photographie facile peut présenter pour les missions lointaines et les recherches scientifiques, accorda à notre Société une allocation de 500 francs pour joindre au prix proposé.

Le programme fut adopté dans la séance de janvier 1876; à cette époque la réalisation des conditions posées pouvait paraître assez difficile; cependant nous venons aujourd'hui vous rendre compte de ce concours au nom de la Commission que vous avez chargée de le juger, et c'est avec plaisir que nous vous annonçons tout d'abord qu'un des concurrents nous a paru avoir rempli les conditions du programme et que le prix a été décerné.

Suivant les termes du programme, le concours a été clos le 1er janvier 1877 et la Commission chargée de le juger a été composée de :

>MM. Audra,
>Davanne,
>Ferrier,
>Fleury-Hermagis,
>Harrisson,
>Pector,
>Peligot,
>Perrot de Chaumeux.

Le 15 février, la Commission a tenu une séance préparatoire qui pût la mettre en mesure de commencer ses travaux le 1er mars : elle a constaté que trois concurrents seulement s'étaient présentés et avaient remis en temps utile leur dépôt cacheté; immédiatement notification a été faite à ces trois concurrents que l'examen des envois commencerait le 1er mars, c'est-à-dire juste à l'échéance des deux mois stipulée au concours.

Cet examen a commencé en effet le 1er mars et la Commission, pensant qu'il était utile d'en publier assez rapidement le résultat pour qu'il fût connu au moment où s'ouvrira la campagne d'été, a continué ses travaux sans interruption, faisant souvent deux séances par jour, jusqu'au 19 mars, époque à laquelle, après quinze séances, elle pensa pouvoir formuler son jugement d'une manière définitive et elle chargea MM. Ferrier et Davanne d'être ses rapporteurs auprès de vous.

Nous ne pensons pas qu'il y ait lieu d'entrer dans le détail minutieux de tous les essais et expériences de la Commission, mais nous croyons qu'il peut vous intéresser de connaître la marche qu'elle a suivie.

A la première séance, les paquets cachetés furent remis par M. Koziell, secrétaire-agent de la Société, et, en présence des intéressés ou de leur mandataire, les scellés furent brisés et les commissaires prirent connaissance du contenu avec les plus grandes précautions pour qu'aucune des préparations sensibles envoyées ne pût voir la lumière. Un des concurrents, habitant loin de Paris, avait remis ses intérêts entre les mains des membres de la Commission.

D'après le programme, il y avait trois points distincts à examiner :

1° La conservation de la sensibilité, c'est-à-dire les résultats que donneraient les préparations consignées au secrétariat et celles-là seulement, car seules elles avaient la garantie d'une durée de deux mois au moins ;

2° La simplicité de l'emploi, qui est une des conditions du concours ;

3° La vérification des formules et descriptions, qui devaient devenir publiques.

C'est-à-dire qu'il lui fallait faire opérer les concurrents devant elle avec les surfaces déposées et ce dans des conditions identiques, répéter elle-même l'ensemble des opérations avec les préparations remises pour le concours et enfin faire des préparations nouvelles et les essayer en suivant les formules données.

1° On disposa pour les premiers essais une chambre noire, munie d'un objectif simple de 0,30 de foyer, portant un diaphragme de 0,007 d'ouverture; le temps était gris, la lumière peu intense. Chaque concurrent put isolément poser à son gré : il lui était donné un maximum de dix minutes; deux membres de la Commission opérèrent pour celui qui était absent. Le développement fut également fait par chacun des concurrents avec produits apportés ou demandés par lui.

Ce premier essai éclaira immédiatement la Commission sur la valeur relative des préparations soumises à son jugement; nous nous abstenons à dessein de dire sur la valeur absolue des procédés, car l'avenir seul et une longue expérience, corroborée de toutes les améliorations que suggère une pratique courante, pourront permettre de risquer une décision à cet égard, et nous ne pouvons assurer qu'un procédé inférieur aujourd'hui ne sera pas supérieur dans un temps prochain, par le fait d'une simple modification.

L'épreuve faite par M. Chardon montra une grande supériorité sur les autres; mais, comme cette supériorité pouvait être accidentelle, on recommença immédiatement l'expérience et le résultat fut identique; tandis qu'en trois minutes d'abord, et ensuite en une minute, M. Chardon avait obtenu une première épreuve surexposée et une seconde presque complète, ce qui donne une moyenne de deux minutes au plus pour la pose, les deux autres concurrents avaient dû poser beaucoup plus et les épreuves, très-peu lisibles, prouvaient que la préparation n'avait pu conserver une sensibilité convenable pendant un délai de deux mois.

Devant ce résultat un des concurrents se retira, reconnaissant que jamais il n'avait demandé à ses glaces une conservation de sensibilité aussi longue, et, pour compenser le désavantage qu'un éloignement forcé donnait au troisième candidat, la Commission lui expédia par poste, après les avoir signées, deux des feuilles déposées par lui, lui demandant d'exposer lui-même, de développer et de renvoyer le résultat : le retour du courrier nous rapporta des épreuves semblables à celles que nous avions obtenues, c'est-à-dire à peine indiquées.

Un seul candidat avait donc résisté au premier examen, et c'est sur son procédé que devait désormais se porter l'attention de la Commission.

Après avoir constaté la bonne conservation des glaces préparées par M. Chardon, on prit l'émulsion sèche et sensible qui les accompagnait, on en fit la solution dans le mélange d'éther et d'alcool additionné de cinchonine, et le collodion versé sur quelques glaces, puis simplement mis à sécher, fut essayé tantôt pour reproduction de gravures avec quatre minutes de pose dans l'atelier (objectif aplanétique de $0^m,40$, diaphragme $0^m,02$, reproduction à mi-grandeur), tantôt pour vues extérieures avec pose de une à deux minutes, et même pour portraits, soit à l'intérieur avec quarante secondes de pose, soit à l'extérieur avec vingt secondes de pose; les épreuves développées par le procédé alcalin, selon les formules et addition de M. Chardon, ont toutes marché régulièrement et d'une manière tout à fait satisfaisante.

2° Sans entrer encore dans la vérification des formules, la Commission a constaté la facilité de l'emploi de l'émulsion sèche bien préparée. Elle se conserve à l'abri de la lumière pendant un temps que nous ne saurions encore déterminer, mais qui dépasse cinq mois dans les expériences de M. Chardon; le temps écoulé depuis le dépôt, fait le 15 décembre, jusqu'au jour de l'expérience, 15 mars, ne nous a permis de constater que trois mois, mais la Commission pense continuer ces essais de conservation dont elle fera ultérieurement connaitre les résultats.

Pour l'emploi, il suffit de dissoudre cette émulsion sèche dans le mélange d'alcool et d'éther, de filtrer sur un peu de coton, d'étendre sur la glace et de laisser sécher dans une complète obscurité.

Le développement de l'épreuve se fait facilement et se termine en quelques minutes, les images s'accentuent, elles prennent graduellement l'intensité nécessaire; on peut retarder ce développement pendant plusieurs jours après la pose sans inconvénient.

La couleur du cliché est agréable, favorable au tirage, l'aspect est sensiblement celui d'une bonne épreuve au collodion humide.

3° Après vérification des résultats donnés par les produits déposés, nous avons expérimenté le mode de préparation et les formules.

La Commission a répété pas à pas avec M. Chardon, au moyen de produits qu'elle s'est procurés, la préparation du collodion, de l'émulsion, des glaces et du développement, et elle donne ici les renseignements qui lui ont été communiqués, les formules dont elle a fait usage. Elle se borne à affirmer les faits vérifiés par elle, en se récusant sur les questions théoriques qu'elle n'a pas examinées, car elles étaient en dehors de sa mission.

Le procédé de M. Chardon rentre dans ces préparations

auxquelles on donnait, il y a quelques années, le nom de *collodiobromure* et qui sont plus connues aujourd'hui sous le nom de *procédé aux émulsions ;* il n'est donc pas entièrement nouveau, ainsi que M. Chardon le dit lui-même dans le Mémoire qu'il a présenté. Mais, si nous reconnaissons avec lui que ce procédé remonte déjà à plusieurs années sans avoir pu se généraliser jusqu'ici, nous devons ajouter que M. Chardon, par des recherches commencées en 1872, par des expériences nombreuses, par la simplification de diverses formules, par l'élimination de substances inutiles et même le plus souvent nuisibles, par des modifications et améliorations du mode de développement, a obtenu des résultats meilleurs et plus constants que ceux donnés par les formules publiées jusqu'à ce jour; en substituant à ces formules douteuses ou à des recettes non divulguées une méthode nette, précise, parfaitement raisonnée que son désintéressement rend applicable par tout le monde, non-seulement il assure la vulgarisation de ce procédé, mais il établit une base solide qui sera le point de départ de progrès nouveaux.

On retrouve, dans un temps déjà bien éloigné de nous, l'idée de faire un composé sensible de toutes pièces sans qu'il soit besoin du bain d'argent; en 1854, Marc-Antoine Gaudin en expliquait la théorie dans le journal *la Lumière* et, un peu plus tard, il cherchait à la réaliser dans une préparation à laquelle il donnait le nom de *photogène;* après une dizaine d'années d'oubli, en 1864, MM. Sayce et Bolton publièrent des formules sur lesquelles vinrent ensuite se grouper de nombreux essais faits par M. Carey-Lea en Amérique, par M. Stuart Wortley en Angleterre, et par MM. Newton, Dawson, Chapmann, Wilson, etc., etc.

En France, il se fit quelques tentatives isolées d'applications, mais seul M. Chardon paraît avoir continué sur le procédé des émulsions les études commencées par lui en 1872.

La multiplicité des formules, les modifications continuelles que leurs auteurs y apportaient prouvaient suffisamment qu'on était toujours dans la voie si intéressante des recherches; mais la nécessité des lavages, des préservateurs, semblait rendre presque illusoire l'avantage de la suppression du bain d'argent. Aussi les praticiens hésitaient à suivre les inventeurs dans ces tâtonnements qui ne permettaient pas encore d'établir une méthode donnant cette régularité, cette sécurité, qui seules peuvent faire entrer un procédé dans la pratique générale.

A l'époque où le prix fut fondé, on commençait à reconnaître que ce procédé des émulsions ne serait pratique que par la suppression de tout lavage, et ce fut justement pour hâter l'accomplissement de ce progrès, pour le répandre librement entre les mains de tous, pour favoriser les perfectionnements qui en seront la conséquence, que le prix fut fondé dans les termes arrêtés au programme.

Le procédé de M. Chardon se distingue principalement par la préparation d'une émulsion sèche, formée exclusivement de bromure d'argent englobé par le pyroxyle, par l'absence de tout préservateur dans cette émulsion sèche, par la recherche de la porosité de la couche, par l'addition au révélateur alcalin d'un liquide renforçateur que l'on y mélange lorsqu'on veut faire montrer l'épreuve.

Examinons maintenant les préparations et manipulations, en rappelant que toujours, et plus particulièrement pour ces procédés délicats, il est nécessaire d'employer des produits de très-bonne qualité.

Le pyroxylé doit être de cette variété qui, à l'état ordinaire, présente un aspect poudreux, désagrégé, et dégage beaucoup de poussière, quand on le divise. Le coton précipité par l'eau bouillante, ainsi que l'a indiqué M. Martin (Ad.), paraît particulièrement favorable pour ce procédé. La quantité varie suivant la solubilité dans le mélange d'alcool et d'éther; dans les conditions ordinaires, la quantité du pyroxyle est égale à la quantité des bromures solubles ajoutés au collodion; si le pyroxyle est excessivement soluble, on doit en ajouter proportionnellement des quantités de plus en plus grandes.

Les bromures étant toujours de pureté et de sécheresse variables, il faut leur faire subir une première préparation.

Le bromure de cadmium contient de 25 à 30 pour 100 d'eau; on commence par le dessécher lentement sur un feu doux en l'agitant continuellement jusqu'à ce que, après lui avoir fait subir une sorte de fusion pâteuse, on l'ait ramené à l'état de poudre sèche; le bromure d'ammonium est également desséché, mais à une chaleur moindre, puis on pèse avec rigueur une quantité de l'un et de l'autre dans la proportion des équivalents chimiques (l'équivalent du bromure de cadmium est 136, celui du bromure d'ammonium 97), soit, par exemple, $13^{gr},60$ du premier, $9^{gr},70$ du second, pour produire $23^{gr},30$ de sel double, et si l'on ne veut pas entrer dans les calculs, on peut simplement doubler, tripler, etc., les proportions données : le résultat sera le même.

Ces deux sels sont mélangés, dissous dans une petite quantité d'eau; la solution est filtrée, évaporée à feu doux jusqu'à parfaite dessiccation et renfermée pour l'usage.

Le bromure de zinc est, d'autre part, dissous dans l'alcool absolu, pour séparer un peu d'oxyde de zinc qui l'accompagne presque toujours; la solution est filtrée, évaporée au bain-marie, puis à feu nu jusqu'à parfaite dessiccation; ce produit très-hygrométrique doit être toujours séché à fond au moment de le peser (l'équivalent de bromure de zinc pur est 112).

Ces produits préparés, on compose le collodion en prenant :

Alcool	200^{cc}
Bromure double	6^{gr}
Bromure de zinc	6^{gr}
Coton	6^{gr}
Éther	400^{cc}

Il est bon de préparer à l'avance une certaine quantité de ce collodion, qu'il est nécessaire de laisser reposer pour arriver à une limpidité parfaite; on ne peut le filtrer, parce que l'évaporation produirait des changements de dosage dont il serait difficile de tenir compte lors de la sensibilisation; pour la même raison, le flacon qui le contient doit être hermétiquement bouché.

Après un repos suffisant, auquel on ne peut assigner d'autre terme qu'une clarification parfaite, on procède à la sensibilisation.

A partir de ce moment toutes les opérations doivent être faites théoriquement à l'abri de toute lumière, pratiquement avec une lumière jaune orangé aussi faible que possible

Il est bon de ne pas faire la sensibilisation sur un trop fort volume de collodion, mieux vaut opérer par fractions de 100 à 200 centimètres cubes.

On commence par pulvériser finement du nitrate d'argent pur fondu, et l'on prépare séparément :

Collodion.................	100^{cc}
Nitrate d'argent pulvérisé.....	$3^{gr},10$
Alcool à $40°$...............	30^{cc}

Le nitrate d'argent, *pesé rigoureusement* avec une balance pouvant accuser facilement 1^{cgr}, est mis dans un petit ballon et additionné de 1^{cc} d'eau distillée : on peut alors le chauffer jusqu'à dissolution, on ajoute la moitié de l'alcool préparé, on chauffe de nouveau, on verse peu à peu le liquide clair dans le collodion bromuré en agitant chaque fois ; on renouvelle les additions d'alcool dans le petit ballon, les versements dans le collodion jusqu'à épuisement du nitrate ; les dernières parties d'alcool servent à rincer le ballon.

Le flacon d'émulsion est vigoureusement secoué et abandonné dans l'obscurité pendant trente-six heures ; il faut le secouer de temps à autre.

Quelques soins que l'on prenne, aussi bien dans les mesures que dans les pesées, il est impossible d'arriver à la précision théorique, et comme, d'autre part, les quantités indiquées sont assez près de cette précision, il faut vérifier par l'analyse si l'on est dans de bonnes conditions, c'est-à-dire s'il y a excès d'argent et si cet excès n'est pas trop considérable.

Après trente-six heures les réactions sont présumées terminées : on prend alors dans un verre une petite quantité d'eau distillée, soit de 10 à 15^{cc}, et dans l'obscurité on y verse 2^{cc} environ du collodion à essayer, on agite ce mélange, puis on filtre sur de bon papier à filtre blanc (dit papier Berzelius), en passant et repassant de nouveau sur le filtre jusqu'à ce que le liquide écoulé soit parfaitement clair; dans une partie de ce liquide versée dans un verre, on ajoute deux ou trois gouttes d'eau salée qui doivent produire un trouble laiteux nettement appréciable; un précipité caséeux indiquerait une proportion d'argent un peu trop forte. A partir du moment où l'on filtre, on peut opérer en pleine lumière; c'est seulement le flacon contenant l'émulsion que l'on doit toujours conserver avec le plus grand soin dans l'obscurité.

Si l'eau salée ne produit pas de trouble, on recueille dans un verre très-propre une quantité nouvelle du liquide et l'on y ajoute un peu d'une solution neuve d'argent; s'il se forme un trouble ou un précipité, c'est qu'il reste du bromure soluble : il faut alors remettre dans l'émulsion un peu d'une solution alcoolique de nitrate d'argent, mais il est toujours regrettable de faire cette addition en seconde fois; mieux vaut, paraît-il, l'excès que le manque d'argent.

L'excès d'argent constaté, il faut le saturer, ce que l'on fait en ajoutant, pour 100^{cc} d'émulsion, 2 à 3^{cc} de collodion au chlorure de cobalt.

Alcool à 40°....................................	80^{cc}
Chlorure de cobalt................................	10^{gr}
Pyroxyle...	2^{gr}
Éther sulfurique rectifié.........................	120^{cc}

L'excès d'azotate d'argent passe à l'état de chlorure d'argent; l'excès de chlorure de cobalt sera éliminé par les lavages qui vont suivre et l'on se rapprochera donc le plus possible de la théorie qui consiste à chercher l'obtention du bromure d'argent pur. Il sera bon de répéter après une heure ou deux de contact l'analyse précédente, pour se rendre compte si l'on a bien ajouté une quantité suffisante de chlorure soluble et s'il ne reste aucun excès d'azotate d'argent libre ; car, même après des lavages répétés, l'excès d'azotate d'argent pourrait empêcher là conservation du produit.

Le mélange ainsi obtenu contient, outre le bromure d'argent et le pyroxyle, des azotates de zinc, de cadmium, d'ammoniaque, de cobalt, du chlorure de cobalt, dont il est bon de le débarrasser par précipitation.

On verse doucement le collodion et par petites parties dans une grande quantité d'eau distillée ; après agitation, on récolte le précipité sur un linge fin placé dans un entonnoir, on recommence autant de fois qu'il est nécessaire pour précipiter tout le collodion et l'on ajoute chaque précipité nouveau sur celui déjà récolté dans l'entonnoir, on lave avec beaucoup de soin jusqu'à ce que l'eau sorte pure, on égoutte, on presse, on étend la substance sur de fort papier buvard et on la fait sécher dans une obscurité complète.

Le résultat doit donner une matière floconneuse jaune clair, assez légère, qui constitue l'émulsion sèche.

Lorsqu'on veut préparer des glaces, on prend :

Éther..	50^{cc}
Alcool....................... ...	50^{cc}
Cinchonine (ou quinine précipitée)	$0^{gr},20$

On commence par faire dissoudre la cinchonine dans l'alcool (d'après des expériences plus récentes, M. Chardon préfère la quinine), on filtre et dans le mélange des deux liquides on met $3^{gr},50$ d'émulsion sèche ; cette quantité est une moyenne évidemment variable suivant la viscosité du collodion sensible qui en résulte, on agite fortement et à plusieurs reprises ; après quelques heures, on filtre sur un tampon de coton et le liquide est prêt à servir.

Les glaces bien nettoyées à la manière ordinaire et passées au talc peuvent être bordées avec une solution de caoutchouc dans la benzine ; dans nos essais cette précaution ne nous a pas paru indispensable ; elles sont ensuite couvertes avec l'émulsion liquide en opérant un peu plus doucement que pour le collodion humide et elles sont mises à sécher. Nos essais ont prouvé qu'on peut les employer humides : la rapidité est alors plus grande que lorsqu'elles sont sèches ; la durée de leur conservation n'est pas encore déterminée ; à cet état, elles doivent être opalines et légèrement brillantes : les couches porcelanées et mates donnent rarement de bons résultats.

Le temps de pose semble diminué des $\frac{2}{3}$ si on le compare à celui des procédés secs ordinaires, tels que ceux au tannin ou à l'albumine (procédé Taupenot), il est environ le double de celui que demande un bon collodion humide. Les épreuves sont remarquables par la délicatesse des détails dans les parties en demi-teintes.

Le développement se fait au moyen des solutions suivantes :

$$1° \text{ Carbonate d'ammoniaque} \ldots \ldots \quad 20^{gr}$$
$$\text{Bromure de potassium} \ldots \ldots \quad 0^{gr},40$$
$$\text{Eau} \ldots \ldots \ldots \ldots \ldots \ldots \ldots \quad 1000^{cc}$$

Le carbonate d'ammoniaque mis à dissoudre doit être à l'état de sesquicarbonate, c'est-à-dire en morceaux durs, translucides et ne pas être passé à l'état de bicarbonate d'ammoniaque, ce dont on s'aperçoit quand il est devenu opaque et friable; à ce dernier état, il ne développe les épreuves qu'avec difficulté.

2° Acide pyrogallique.......... 10^{gr}
Alcool.................. 100^{cc}

On commence par couvrir la surface sensible avec une couche d'alcool qu'on reverse dans un vase et qui peut servir pour les glaces suivantes; on dissout ainsi la cinchonine ou la quinine ajoutée et l'on ouvre les pores de la couche collodionnée, on rince l'alcool avec soin jusqu'à ce que l'eau coule très-régulièrement à la surface. On place alors la glace dans un cuvette et on la couvre avec un mélange, fait au moment, de 100 parties de la solution ammoniacale pour 2 à 3 parties de la solution pyrogallique : l'image apparait très-rapidement, elle ne se voile nullement si la préparation a été bien faite.

Lorsqu'on juge tous les détails sortis, on ajoute immédiatement le mélange renforçateur, composé de :

1° Eau distillée............... 100^{cc}
Bromure de potassium....... 1^{gr}
2° Bicarbonate de potasse...... à saturation.
3° Eau distillée................ 75^{cc}
Alcool...................... 25^{cc}
Glucose..................... 10^{gr}

Le mélange se fait en proportions égales des trois solutions, environ 5^{cc} de chacune pour 100 du révélateur alcalin. Le bromure de potassium préserve des voiles et doit être ménagé, le glucose pousse à l'intensité et peut être ajouté en quantité plus considérable suivant le besoin.

L'image prend en quelques instants l'intensité nécessaire; on doit tenir compte qu'après fixage elle gagne de la vigueur en séchant, il ne faut donc pas trop la pousser lors du développement. L'épreuve terminée est fixée à l'hyposulfite de soude, ce qui est fait en quelques secondes, puis lavée et séchée ; on peut la détacher ensuite sur gélatine avec une grande facilité si on le juge nécessaire.

Telles sont, en somme, les formules et les manipulations employées par M. Chardon. Les expériences faites par nous dans ces conditions ont donné des résultats concluants ; par conséquent M. Chardon a satisfait également aux prescriptions du concours en demandant de rendre publics les moyens employés.

Après ces différents essais, la Commission a décidé à l'unanimité :

Que M. Chardon avait rempli les conditions du concours ;

Qu'il y avait lieu de lui remettre le prix proposé ;

Que le présent Rapport vous serait présenté en demandant son insertion au *Bulletin* ;

Que copie du Rapport serait adressée à M. le Ministre de l'Instruction publique.

L'assemblée, consultée, ordonne l'impression du Rapport au *Bulletin*.

LIBRAIRIE DE GAUTHIER-VILLARS,
QUAI DES GRANDS-AUGUSTINS, 55, A PARIS.

LES PROGRÈS
DE
LA PHOTOGRAPHIE,

RÉSUMÉ

COMPRENANT LES PERFECTIONNEMENTS APPORTÉS
AUX DIVERS PROCÉDÉS PHOTOGRAPHIQUES POUR LES ÉPREUVES NÉGATIVES
ET LES ÉPREUVES POSITIVES,
LES NOUVEAUX MODES DE TIRAGE DES ÉPREUVES POSITIVES
PAR LES IMPRESSIONS DITES AU CHARBON
OU MATIÈRES COLORANTES DIVERSES, ET AUX ENCRES GRASSES;

Par A. DAVANNE.

UN VOLUME IN-8; 1877. — PRIX : 6 FRANCS.

LE SOLEIL

Par LE P. A. SECCHI S. J.,
Directeur de l'Observatoire du Collége Romain, Correspondant de l'Institut de France.

DEUXIÈME ÉDITION, ENTIÈREMENT REFONDUE.

PREMIÈRE PARTIE et SECONDE PARTIE. — Deux beaux volumes grand in-8, avec Atlas; 1875-1877... **30 fr.**

On vend séparément :

Ire **Partie**. Un volume grand in-8, avec 150 figures dans le texte, et un Atlas comprenant 6 grandes Planches gravées sur acier (I. *Spectre ordinaire du Soleil* et *Spectre d'absorption atmosphérique*. — II. *Spectre de diffraction*, d'après la photographie de M. HENRY DRAPER. — III, IV, V et VI. *Spectre normal du Soleil*, d'après ANGSTRÖM, et *Spectre normal du Soleil, portion ultra-violette*, par M. A. CORNU); 1875... 18 fr.

IIe **Partie**. Un volume grand in-8 avec nombreuses figures dans le texte, et 13 Planches dont 12 en couleur. (I à VIII. *Protubérances solaires*. — IX. *Type de tache du Soleil*. — X et XI. *Nébuleuses*, etc. — XII et XIII. *Spectres stellaires*); 1877.. 18 fr.

IMPRIMERIE ET LIBRAIRIE DE GAUTHIER-VILLARS,
55, QUAI DES GRANDS-AUGUSTINS, A PARIS.

ATLAS CÉLESTE,

Comprenant toutes les Cartes de l'ancien Atlas de Ch. DIEN,

RECTIFIÉ, AUGMENTÉ ET ENRICHI

DE CARTES NOUVELLES DES PRINCIPAUX OBJETS D'ÉTUDES ASTRONOMIQUES :
ÉTOILES DOUBLES, MULTIPLES, COLORÉES, NÉBULEUSES ET GROUPES STELLAIRES,
MOUVEMENTS PROPRES DES ÉTOILES, ETC.;

Par Camille FLAMMARION,

Astronome, ancien membre de l'Observatoire de Paris, etc.

TROISIÈME ÉDITION. — 1877.

IN-FOLIO DE 31 PLANCHES GRAVÉES SUR CUIVRE, DONT 5 DOUBLES.

PRIX : *En feuilles*, dans une couverture imprimée............ 40 fr.
— *Cartonné* avec luxe, toile pleine....................... 45 fr.

Pour recevoir franco, par poste, dans tous les pays de l'Union postale, l'ATLAS *en feuilles* soigneusement enroulé et enveloppé, ajouter................................... 2 fr.
Les dimensions ($0^m,50$ sur $0^m,35$) de l'ATLAS *cartonné* ne permettant pas de l'expédier par la poste, cet Atlas *cartonné*, dont le poids est de $2^{kg},9$, sera envoyé, aux frais du destinataire, soit par messageries grande vitesse, soit par tout autre mode indiqué.

CARTES COMPOSANT CET ATLAS :

A. Constellations de l'hémisphère céleste boréal (*Carte double*).
B. Constellations de l'hémisphère céleste austral (*Carte double*).
1. Petite Ourse, Dragon, Céphée, Cassiopée, Persée.
2. Andromède, Cassiopée, Persée, Triangle.
3. Girafe, Cocher, Lynx, Télescope.
4. Grande Ourse, Petit Lion.
5. Chevelure de Bérénice, Lévriers, Bouvier, Couronne boréale.
6. Dragon, Carré d'Hercule, Lyre, Cercle mural.
7. Hercule, Ophiuchus, Serpent, Taureau de Poniatowski, Ecu de Sobieski.
8. Cygne, Lézard, Céphée.
9. Aigle et Antinoüs, Dauphin, Petit Cheval, Renard, Oie, Flèche, Pégase.
10. Bélier, Taureau (Pléiades, Hyades, Mouche).
11. Gémeaux, Cancer, Petit Chien.
12. Lion, Sextant, Tête de l'Hydre.
13. Vierge.
14. Balance, Serpent, Hydre.
15. Scorpion, Ophiuchus, Serpent, Loup.
16. Sagittaire, Couronne australe.
17. Capricorne, Verseau, Poisson austral.
18. Poissons, Carré de Pégase.
19. Baleine, Atelier du Sculpteur.
20. Eridan, Lièvre, Colombe, Harpe, Sceptre, Laboratoire.
21. Orion, Licorne.
22. Grand Chien, Navire, Boussole.
23. Hydre, Coupe, Corbeau, Sextant, Chat.
24. Constellations voisines du pôle austral (*Carte double*).
25. Mouvements propres séculaires des étoiles (*Carte double*).
26. Carte générale des étoiles multiples, montrant leur distribution dans le Ciel (*Carte double*).
27. Étoiles multiples en mouvement relatif certain.
28. Orbites d'étoiles doubles et groupes d'étoiles les plus curieux du Ciel.
29. Les plus belles nébuleuses du Ciel.

On vend séparément :

Fascicule des Cartes nouvelles de l'Atlas céleste................ 15 fr.

Ce FASCICULE contient les 5 cartes nouvelles de la 3ᵉ édition de l'Atlas céleste, assemblées dans une couverture imprimée avec l'*Instruction* composée pour cette édition, savoir :

25. Mouvements propres séculaires des étoiles (*Carte double*).
26. Carte générale des étoiles multiples, montrant leur distribution dans le Ciel (*Carte double*).
27. Étoiles multiples en mouvement relatif certain.
28. Orbites d'étoiles doubles et groupes d'étoiles les plus curieux du Ciel.
29. Les plus belles nébuleuses du Ciel.

LIBRAIRIE DE GAUTHIER-VILLARS,
QUAI DES AUGUSTINS, 55, À PARIS.

BARRESWIL et DAVANNE. — **Chimie photographique**, contenant les éléments de Chimie expliqués par des exemples empruntés à la Photographie, les procédés de Photographie sur glace (collodion humide, sec ou albuminé) sur papiers, sur plaques, la manière de préparer soi-même, d'essayer, d'employer tous les réactifs, d'utiliser les résidus, etc.; 4ᵉ édit., revue, augmentée et ornée de fig. dans le texte. In-8; 1864.   8 fr. 50 c.

CORDIER (V.). — **Les insuccès en Photographie, Causes et remèdes,** suivis de la *Retouche des clichés* et du *Gélatinage des épreuves*. 3ᵉ édition, refondue et augmentée. In-18 jésus; 1876.   1 fr. 75 c.

DUMOULIN. — **Manuel élémentaire de Photographie au collodion humide.** In-18 jésus, avec figures; 1874.   1 fr. 50 c.

DUMOULIN (Eug.). — **Les Couleurs reproduites en Photographie.** *Historique, Théorie et Pratique.* In-18 jésus; 1876.   1 fr. 50 c.

FABRE (C.). — **Aide-Mémoire de Photographie, pour 1877**, publié sous les auspices de la Société photographique de Toulouse. Deuxième année. In-18, avec 15 spécimens des procédés nouveaux. (8 vignettes *Gillot*, 3 phototypies *Quinsac*, 1 phototypie *Geymet*, 3 lithophotographies genre *Fortier*.) Prix : Broché   1 fr. 75 c.
Cartonné   2 fr. 25 c.

FORTIER (G.). — **La Photolithographie, son origine, ses procédés, ses applications.** Petit in-8, orné de planches, fleurons, culs-de-lampe, obtenus au moyen de la Photolithographie; 1876.   3 fr. 50 c.

MOOCK. — **Traité pratique complet d'impressions photographiques aux encres grasses.** 2ᵉ édit., beaucoup augmentée. In-18 jésus; 1877. 3 fr.

ODAGIR (H.). — **Le Procédé au gélatino-bromure**, suivi de la traduction des *Notices* de R. KENNETT et Rev. H. G. PALMER. In-18 jésus, avec figures; 1877.   1 fr. 50 c.

PERROT DE CHAUMEUX (L.). — **Premières Leçons de Photographie.** Deuxième édition, revue et augmentée. In-18 jésus, avec figures dans le texte; 1874.   1 fr. 50 c.

SECCHI (le P. A.), Directeur de l'Observatoire du Collège Romain, Correspondant de l'Institut de France. — **Le Soleil.** 2ᵉ édition. PREMIÈRE ET SECONDE PARTIE. Deux beaux volumes grand in-8, avec Atlas; 1875-1877. Prix des deux volumes achetés ensemble   30 fr.

On vend séparément :

Iʳᵉ Partie. Un volume grand in-8, avec 150 figures dans le texte et un Atlas comprenant 6 grandes Planches gravées sur acier (I. *Spectre ordinaire du Soleil et Spectre d'absorption atmosphérique.* — II. *Spectre de diffraction,* d'après la photographie de M. HENRY DRAPER. — III, IV, V et VI. *Spectre normal du Soleil,* d'après ÅNGSTRÖM, et *Spectre normal du Soleil, portion ultra-violette,* par M. A. CORNU); 1875   18 fr.

IIᵉ Partie. Un volume grand in-8, avec nombreuses figures dans le texte, et 13 Planches dont 12 en couleur. (I à VIII. *Protubérances solaires.* — IX. *Type de taches du Soleil.* — X et XI. *Nébuleuses,* etc. — XII et XIII. *Spectres stellaires.*); 1877   18 fr.

VIDAL (Léon). — **Traité pratique de Photographie au charbon,** complété par la description de divers *Procédés d'impressions inaltérables (Photochromie et tirages photomécaniques).* 3ᵉ édition. In-18 jésus, avec 1 planche spécimen de Photochromie et 2 planches spécimens d'impression à l'encre grasse; 1877   4 fr. 50 c.

www.ingramcontent.com/pod-product-compliance
Lightning Source LLC
Chambersburg PA
CBHW070308230526
45470CB00002B/780